T0055113

Con la colección **Unicornio de Papel**, desde Vegueta Ediciones queremos realizar nuestra particular aportación al proyecto universal más apasionante que existe, el de la educación infantil y juvenil. Como una varita mágica, la educación tiene el poder de iluminar sombras y hacer prevalecer la razón, los principios y la solidaridad, impulsando la prosperidad.

Genios de la Ciencia, la serie de biografías de científicos e inventores, pretende aproximar a los niños a aquellos grandes personajes cuyo estudio, disciplina y conocimiento han contribuido al desarrollo y la calidad de vida de nuestra sociedad.

Queremos agradecer al **Instituto Jane Goodall** su inestimable colaboración a la hora de definir y supervisar los contenidos de este libro.

Textos: Marcos Muslera
Ilustraciones: Albert Asensio
Diseño y maquetación: Alicia Gómez

© Vegueta Ediciones
Roger de Llúria, 82, principal 1ª
08009 Barcelona

General Bravo, 26
35001 Las Palmas de Gran Canaria

www.veguetaediciones.com

ISBN: 978-84-17137-04-5
Depósito Legal: B 23095 2017

Impreso y encuadernado en España

FSC
www.fsc.org
MIXTO
Papel procedente de
fuentes responsables
FSC® C125125

Cualquier forma de reproducción, distribución, comunicación pública o transformación de esta obra solo puede ser realizada con la autorización de sus titulares, salvo excepción prevista por la ley. Diríjase a CEDRO (Centro Español de Derechos Reprográficos) si necesita fotocopiar o escanear algún fragmento de esta obra (www.conlicencia.com; 91 702 19 70 / 93 272 04 45).

GENIOS DE LA CIENCIA

JANE GOODALL

LA MEJOR AMIGA DE LOS CHIMPANCÉS

TEXTOS DE MARCOS MUSLERA
ILUSTRACIONES DE ALBERT ASENSIO

Vegueta Ediciones

Colección **Unicornio de Papel**

¡HOLA!

Me llamo David Barba Gris y soy un chimpancé. Es posible que para vosotros solo sea un mono más, como muchos otros que habréis visto en libros o películas, pero voy a confesaros algo: a los chimpancés no nos gusta nada que nos confundan con los monos. ¡Nosotros somos mucho más inteligentes! En realidad, preferimos que nos llaméis *simios* o *primates*.

Nuestros primos en el reino animal son otros grandes simios como los orangutanes, los gorilas, los bonobos..., ¡y los seres humanos! En el fondo, nos parecemos muchísimo a vosotros. De hecho, somos tan inteligentes —me gusta decir las cosas como son— que incluso tenemos la capacidad de crear y utilizar herramientas. ¿No está mal, eh?

¿No os preguntáis por qué me llamo así? Tenéis que reconocer que David Barba Gris no es un nombre que se escuche todos los días. Me lo puso **Jane Goodall**, una investigadora que viajó a África para aprender muchísimas cosas sobre nosotros, los chimpancés. Hasta entonces, los humanos apenas sabíais nada sobre nuestra especie, pero gracias a ella hoy en día nos conocéis mucho mejor.

¿Qué llevó a mi amiga Jane a viajar a miles de kilómetros de su hogar para vivir entre chimpancés? La historia es fascinante, así que no perdáis detalle.

Mi amiga Jane nació en 1934 en una ciudad de la que seguramente habéis oído hablar: Londres, capital del Reino Unido. Por entonces, el mundo vivía una crisis económica y en Londres había mucha pobreza y polución. El aire estaba tan contaminado que los pobres londinenses —así se llaman sus habitantes— vivían rodeados de una niebla permanente.

Su familia era bastante inusual. Su padre, Mortimer, era un fanático de los coches y se ganaba la vida como piloto de carreras. Su madre, Margaret, era novelista. Como trabajaba desde casa, fue ella la que se ocupó de educar a la pequeña Jane mientras el audaz Morty viajaba por Europa ganando campeonatos con su bólido.

Una de las cosas que más les gustaba a los londinenses de aquella época era visitar el zoo en sus días libres. Aún no había televisión ni documentales, y poder contemplar en vivo a animales procedentes de países exóticos y lejanos —como nosotros, los chimpancés— era todo un acontecimiento.

Cuando Jane tenía dos años, nació un chimpancé muy famoso en el zoológico de Londres. Los entusiasmados visitantes decidieron llamarlo *Jubilee,* que en inglés significa «celebración». El recién nacido se convirtió en una estrella mediática. Sus fotos aparecieron en todos los periódicos y hasta algún avispado fabricante se hizo de oro vendiendo muñecos de peluche idénticos a él.

Un día el deportivo de Mortimer se estropeó y lo dejó tirado en mitad de una carrera. ¡Aquellos cacharros antiguos fallaban cada dos por tres! De camino a casa, decidió comprarle uno de aquellos peluches a Jane. «Al menos alguien en la familia se llevará un premio hoy», debió de pensar el padre.

—¡Mira qué mono más mono te he traído! —dijo Mortimer, agitando el peluche ante los ojos de la pequeña Jane. (Ya veis que él tampoco tenía muy clara la diferencia entre los simples monos y nosotros, los sofisticados y elegantes chimpancés.)

Jubilee enseguida se convirtió en el inseparable compañero de correrías de Jane, que junto a él descubrió su amor por los animales. Salir al jardín de casa a explorar la naturaleza, las hierbas y los bichejos enseguida se convirtió en su actividad favorita.

Un día Jane descubrió un nido de lombrices en el jardín.

—Me pregunto si estas lombricitas estarán a gusto en un sitio tan frío y húmedo como la tierra del jardín —dijo Jane, que a los tres años ya era una niña la mar de curiosa—. Hmmm... Creo que seguramente en mi cama estarán más cómodas, ¿no crees, Jubilee?

¡Qué sorpresa se llevó esa noche Margaret cuando descubrió horrorizada un montón de lombrices bajo la almohada de su hija!

Al ser escritora, Margaret le inculcó a su hija el amor por los libros. Jane pasaba innumerables horas devorando las aventuras de Tarzán y del doctor Dolittle o cualquier otro libro en el que los animales tuvieran un papel protagonista.

—Creo que de mayor será zoóloga —le decía Margaret a sus amigas mientras tomaban el té.

Jane creía que aquello de *zoóloga* significaba trabajar en un zoo, y no le hacía demasiada gracia eso de tener a los animales metidos

en jaulas, pero su madre le explicó que los zoólogos son los científicos que estudian a los animales. La palabra *zoología*, de hecho, procede de los términos griegos *zoon* («animal») y *logía* («estudio de»).

En el libro de Tarzán, por ejemplo, Jane conoció la historia del protagonista, que vivía en la selva y se llevaba de maravilla con todos los animales. En la historia del doctor Dolittle, se topó con un señor que tenía incluso la capacidad de charlar con ellos. Inspirada por esas dos lecturas, tuvo una magnífica idea.

Jane decidió que lo que quería era intentar contagiar a otras personas su amor por los animales y la naturaleza. Había llegado el momento de montar un club de zoología. Llenó el barrio de carteles, como el de la página siguiente, donde se especificaba una sorprendente serie de requisitos.

Paraos a pensar un momento: ¿cumpliríais los requisitos para ingresar en la Sociedad del Cocodrilo? Tengo que reconocer que incluso un simio tan inteligente como yo no tendría nada fácil ser admitido.

Acabaron formando parte de aquel club la propia Jane, su hermana Judith y dos amigas. Se pasaban las tardes dibujando y escribiendo sobre los animales a los que observaban en sus salidas a la calle como exploradoras, e incluso crearon una pequeña revista.

Jane no tuvo una adolescencia fácil porque nada de lo que la rodeaba le interesaba demasiado. Lo que ella anhelaba desde pequeña era viajar a África y vivir entre animales. En cuanto terminó el instituto, empezó a plantearse cómo hacer realidad su sueño. Desempeñó trabajos de lo más variopintos, intentando reunir el dinero necesario para ir a África: fue camarera, secretaria e incluso trabajó en las oficinas de una compañía que se dedicaba a la producción de documentales sobre la naturaleza.

Su oportunidad llegó cuando recibió una carta de una amiga de la infancia que la invitaba a visitar la granja donde vivía, en Kenia. Tres meses después Jane ya había reunido el dinero suficiente y pudo viajar a África. ¡Por fin!

Llegados a este punto, voy a aprovechar para hablaros un poco de nosotros, los chimpancés. No penséis que tengo afán de protagonismo, ¿eh?, aunque he de reconocer que me encanta hablar de mi especie.

Los chimpancés vivimos en las zonas más cálidas del planeta: en las selvas tropicales y las sabanas. ¡Qué bien se está lejos del bullicio de las grandes ciudades, sin atascos ni prisas! Por desgracia estamos en peligro de extinción. Menos mal que aún queda gente que trabaja para protegernos.

Os decía antes que a los chimpancés no nos gusta que nos llamen *monos*. En efecto, *mono* se usa para referirse a algunos de nuestros parientes no tan cercanos, más pequeños que nosotros.

Los zoólogos anteriores a Jane pensaban que los chimpancés no éramos muy distintos de los monos: creían que solo nos alimentábamos de plantas y frutos —o sea, que éramos herbívoros— y que éramos poco más que unas bolas de pelo con patas, andando por ahí sin hacer mucho más que buscar plátanos que llevarnos a la boca. ¡Enseguida veréis qué equivocados estaban!

Una vez en África, Jane se puso en contacto con el profesor Louis Leakey, un famoso paleoantropólogo. Los paleoantropólogos son científicos que estudian los fósiles de nuestros antepasados. Gracias a sus investigaciones en aquel continente, el profesor Leakey llegaría a demostrar que el ser humano proviene del continente africano.

Jane y el profesor Leakey compartían una gran pasión por todas las especies de primates (y no me extraña, la verdad, porque somos listísimos). Seguramente por eso el profesor acabó ofreciéndole a Jane que colaborara con él.

—Jane, ¿por qué no intentas averiguar todo lo que puedas sobre los chimpancés? —le encargó—. Sospecho que eso nos ayudará a saber más sobre los primeros humanos de la Prehistoria.

Así, un buen día Jane partió entusiasmada hacia una región de Tanzania llamada Gombe, a orillas del lago Tanganika, uno de los más extensos de África.

Cuando se internó en la selva —provista de un cuaderno, unos prismáticos y una grabadora—, buscó el árbol más alto de la zona y trepó para tratar de localizar algún grupo de chimpancés desde las alturas. Lo que se encontró allí fue algo que la dejó perpleja...

— Vaya, parece que alguien se ha montado una cama con ramas y hojas aquí arriba. ¡Y está muy bien hecha!

Tardaría en darse cuenta, ¡pero así fue cómo descubrió el sitio donde yo solía echarme la siesta!

19

Desde aquel árbol se veía una panorámica de toda la zona. Era un paisaje impresionante, con el terreno cubierto por el manto verde de los árboles: la naturaleza en estado puro. Al cabo del tiempo, Jane pudo localizar nuestro grupo.

Por aquel entonces, los pocos humanos que se nos acercaban no solían traer muy buenas intenciones. Sin embargo, Jane era muy paciente y

regresaba cada día a aquel punto exacto. Con el paso de las semanas fue ganándose nuestra confianza. Yo fui el primero en perder el miedo, ¡y un día me atreví a robar plátanos de su campamento! Cuando Jane se dio cuenta, no se enfadó sino que me siguió ofreciendo más piezas, hasta conseguir que llegara hasta su posición.

Poco a poco, cuando mis compañeros vieron que Jane no suponía una amenaza, la aceptaron en nuestro grupo tal y como había hecho yo. Nuestra nueva compañera empezó a vivir como una más del grupo: andaba descalza, trepaba a los árboles y nos ayudaba a quitarnos las semillas que se nos quedaban pegadas al pelo, igual que solemos hacer nosotros. (Ya sé que los humanos sois malpensados y creéis que nos quitamos las pulgas… ¡Puaj!)

A medida que nos fue conociendo, Jane se dio cuenta de algo ignorado hasta entonces, al menos por vosotros, los humanos: ¡los chimpancés tenemos personalidad! Algunos son tímidos y reservados; otros, como yo, somos más valientes y ruidosos. Nos encanta jugar —¡en la selva hay que entretenerse de alguna manera, sin teléfonos móviles ni ordenadores!— y tenemos amigos a los que queremos un montón. Tampoco voy a negar que hay chimpancés que no nos caen demasiado bien, por decirlo suavemente. Lamento reconocer que incluso tenemos nuestras trifulcas contra otros grupos.

Jane enseguida llegó a la conclusión de que, si teníamos personalidad, pues también deberíamos tener nombres. Como sabéis, a mí decidió llamarme David Barba Gris, ya os imagináis por qué. En los treinta años que Jane pasó conviviendo con varios grupos de chimpancés, nos fue poniendo a todos nombres como Gigi, Flo, Frodo y Goliat.

Un día, de camino al lago para coger un poco de agua, Jane escuchó un ruido tras unos arbustos. Intrigada, se asomó con sigilo y observó a unos chimpancés que desayunaban despreocupadamente. Yo era uno de ellos. El menú de esa mañana consistía en unas deliciosas termitas, que mi compañero y yo atrapábamos usando los tallos de unas hierbas. Introducíamos los tallos en la boca del termitero y los insectos, confiados, avanzaban por las hierbas hasta llegar a nuestras lenguas. ¡Nos estábamos poniendo morados!

Jane se dio cuenta de que acababa de contemplar algo extraordinario, nunca antes comprobado por la especie humana: ¡aquello significaba que los chimpancés usábamos herramientas! A la mañana siguiente volvió a acercarse al termitero y descubrió que los chimpancés también perfeccionábamos la herramienta antes de utilizarla. En efecto, antes de usar el tallo para atrapar las termitas, arrancábamos las pequeñas hojas que brotaban de él, para asegurarnos de que pasaría por la estrecha boca del termitero.

Ya veis cuánto nos parecemos los chimpancés a los humanos: comemos de todo —somos omnívoros—, usamos herramientas, nos organizamos, tenemos personalidad y sentimientos, etc.

Antes, los científicos consideraban que solo los seres humanos eran lo suficientemente inteligentes como para diseñar y usar utensilios, pero los descubrimientos de Jane les obligaron a replantearse aquellas viejas teorías. Teniendo en cuenta lo que ella había observado, tal vez tuvieran razón algunos científicos como el profesor Leakey, que sospechaban que los chimpancés y los humanos provenían de un mismo antepasado común.

Así pues, Jane regresó a Inglaterra para explicar sus hallazgos a los profesores de la Universidad de Cambridge, una de las más importantes del mundo. Al principio no obtuvo la acogida que esperaba. Los profesores estaban escandalizados por el hecho de que Jane nos hubiera puesto nombres a los chimpancés. Decían que iba en contra de los métodos estrictos que deben seguir los científicos.

Sin embargo, a medida que les revelaba todo lo que había aprendido sobre nosotros, empezaron a mirarla con ojos cada vez más fuera de sus órbitas: las investigaciones de aquella joven sin duda eran impresionantes. Había demostrado que los chimpancés estábamos mucho más emparentados con los humanos de lo que se creía hasta entonces. ¡Somos familia! Algo así como vuestros primos *primates*.

Después de ganarse la admiración de los zoólogos y científicos de todo el mundo, Jane volvió a menudo a Tanzania para proseguir con sus investigaciones. Cada vez que regresaba, nosotros estábamos encantados porque siempre nos traía algún juguete nuevo con el que divertirnos. Lo mismo aparecía con un extraño objeto redondo y brillante en el que uno podía verse a sí mismo reflejado —¡menudo susto me llevé yo la primera vez!—, o nos traía comida.

Lamentablemente, había un chimpancé en nuestro grupo que no estaba tan contento de tener compañía humana. Se llamaba Frodo

y siempre fue un poco antipático. Jane trataba sin éxito de ganarse su confianza, pero Frodo no daba su brazo a torcer.

Los humanos sois muy civilizados y votáis para elegir a vuestros líderes. Pero nosotros, los chimpancés, nos regimos por la ley del más fuerte: el que tiene más fuerza —al que se denomina *macho alfa*— suele ser el jefe (aunque a veces también lo es el más sociable o espabilado). Así, cuando el gruñón de Frodo se convirtió en nuestro macho alfa, Jane consideró que lo prudente era distanciarse del grupo. Habían pasado 29 años desde que comenzó a vivir entre simios.

Después de tanto tiempo, Jane decidió que había llegado el momento de dejar de investigar de cerca a los chimpancés, ¡pero de ninguna manera iba a dejar de trabajar por nosotros! De hecho, uno de los grandes logros de su vida fue poder fundar el Instituto Jane Goodall, que tiene entre sus principales objetivos protegernos a los chimpancés en nuestro hábitat y fomentar el respeto a la vida animal.

Como su principal portavoz, Jane ha protagonizado documentales, ha escrito libros y ha viajado por todo el mundo dando conferencias para concienciar a la gente y a los gobiernos de que los grandes simios —y todos los animales salvajes— estamos en peligro y necesitamos protección.

Como sabéis, en gran medida, nuestra supervivencia y la de muchos animales está amenazada por culpa de cosas que hacéis los humanos, como la caza, la tala de árboles o la contaminación. ¿No os parece muy sensata la gente que, como Jane, lucha por la protección y los derechos de los animales? Qué menos, ¿verdad?

Entre muchísimas otras iniciativas, Jane y su Instituto han establecido en el Congo el santuario de Tchimpounga, un espacio protegido donde viven ¡más de 150 chimpancés huérfanos!, rescatados de las manos de vendedores y cazadores furtivos.

Por algo tan importante como ese proyecto, y por el mensaje que ha logrado transmitir por todo el mundo de respeto y cuidado por la vida de otras especies, los chimpancés le estaremos eternamente agradecidos.

LA PROTAGONISTA

Valerie Jane Morris-Goodall nació en 1934 en Londres, Reino Unido, hija de Mortimer Morris-Goodall, piloto de coches, y Margaret Myfanwe Joseph, escritora que firmaba sus obras como Vanne Morris-Goodall. Desde niña Jane mostró un gran interés por el mundo animal. En 1957 viajó a Kenia y entró en contacto con el paleoantropólogo Louis Leakey, que primero la contrató como secretaria y más tarde la animó a llevar a cabo sus propias investigaciones con chimpancés.

Pasó largas temporadas conviviendo con los simios, durmiendo al raso o en una vieja tienda de campaña que apenas la protegía de insectos, arañas y escorpiones. En 1964 se casó con el holandés Hugo van Lawick, que también era un apasionado de la naturaleza salvaje y con quien tuvo un hijo, Hugo Eric Louis. Tras divorciarse de Van Lawick en 1974, Jane contrajo matrimonio con Derek Bryceson, el director de los parques na-

---

OTROS HITOS Y GENIOS DE LA HISTORIA

1859

En *El origen de las especies*, **Charles Darwin** demuestra que todas las especies de seres vivos han evolucionado a partir de un antepasado común, mediante un proceso llamado *selección natural*.

1891

Eugène Dubois descubre en la isla de Java los primeros restos del *Homo erectus*, o el «hombre erguido», antepasado del ser humano que aprendió hace 800.000 años a utilizar el fuego.

cionales de Tanzania, fallecido en 1980. En 1977 fundó el Instituto Jane Goodall para defender la conservación del hábitat de los chimpancés. Uno de sus programas educativos, llamado *Raíces y Brotes —Roots and Shoots* en inglés— tiene como objetivo educar a los más jóvenes en el cuidado del medio ambiente.

Jane Goodall ha divulgado sus conocimientos en innumerables artículos, libros y documentales. Ha recibido infinidad de galardones, como el Premio Príncipe de Asturias de Investigación Científica y la Legión de Honor de la República de Francia, entre otros muchos. Ha sido nombrada Dama del Imperio Británico y es, además, Mensajera de la Paz de las Naciones Unidas (ONU). Actualmente, a pesar de sus más de 80 años de edad, Jane viaja por el mundo unos 300 días al año para promover la preservación del hábitat de los animales salvajes.

1960	1962-1964	1973
Jane Goodall descubre que también los chimpancés —y no solo los humanos y sus antepasados homínidos— son capaces de preparar y utilizar herramientas.	**Louis** y **Mary Leakey** descubren en Tanzania los fósiles del *Homo habilis*, un homínido antepasado nuestro que hace unos dos millones de años utilizaba herramientas de piedra.	**Mary-Claire King** analiza el ADN —la información genética— de los seres humanos y de los chimpancés. Descubre que son iguales en el 99 %.

LA FAMILIA DE LOS HOMÍNIDOS

De entre los más de 80 géneros de primates, los más estrechamente relacionados con los seres humanos son los **chimpancés**, los **bonobos**, los **orangutanes** y los **gorilas**. Todos juntos forman la familia de los **homínidos**.

El **chimpancé** vive en el África tropical. Junto con los bonobos, es el pariente más cercano al ser humano.

Estos animales tienen un nivel de inteligencia tan alto que llegan incluso a fabricarse sus propios juguetes y muñecos.

Como los gorilas, son vegetarianos pero también pueden alimentarse de insectos, y a veces incluso de pequeñas presas.

Los chimpancés fabrican sus propias herramientas para cazar termitas y hormigas, o incluso para cascar nueces y poder comérselas.

Los **bonobos** son primates a simple vista muy parecidos a los chimpancés. Se distinguen de ellos porque suelen tener la cara de color negro y su cabeza es menor. Su cuerpo es más delgado, con los hombros más estrechos, y tienen las piernas más largas.

Los bonobos se desplazan erguidos una cuarta parte del tiempo, lo cual les hace tener una apariencia un tanto más parecida a la de los seres humanos.

Una particularidad del comportamiento social de los bonobos es que las hembras, aún siendo más pequeñas, tienen un estatus social mayor y son más respetadas por el grupo.

Aunque en su aspecto exterior los demás homínidos parezcan muy diferentes, a nivel genético los seres humanos comparten nada menos que el 96,9 % del mismo ADN con los orangutanes. ¡Con los chimpancés esta similitud llega a ser casi del 99 %!

Los **orangutanes** son originarios de Malasia e Indonesia. En el idioma malayo, las palabras *Orang Hutan* quieren decir «hombre de la selva».

Anatómicamente, estos primates se caracterizan sobre todo por tener unas extremidades anteriores muy largas, en comparación con el tronco y con las posteriores.

Los orangutanes se desplazan apoyando en el suelo el dorso de las manos y el borde externo de los pies.

En Borneo y Sumatra, las enormes plantaciones para la producción de aceite de palma están devastando el hábitat natural de los orangutanes y aumentando su peligro de extinción.

Los **gorilas** habitan los bosques del África central y son los primates más grandes y fuertes que existen. Pueden llegar a medir 1,75 m y pesar más de 250 kgs.

Son vegetarianos —comen frutas, hojas, brotes—, aunque a veces también se pueden llegar a alimentar de algún que otro insecto.

Viven en grupos que pueden tener entre 5 y 50 integrantes. A los líderes de estos grupos, machos adultos de más de doce años, se les reconoce por su «espalda plateada».

La cacería furtiva, las guerras cerca de su hábitat y el virus del ébola han situado a los gorilas en un serio peligro de extinción.